A LITTLE JAMIE BOOK

Celebrate with Me
Celebra conmigo

MEMORIAL DAY
DÍA DE LOS CAÍDOS

Mitchell Lane

PUBLISHERS

Printing   1   2   3   4   5   6   7   8   9

A LITTLE JAMIE BOOK

Celebrate with Me

Christmas
Independence Day
Memorial Day
Thanksgiving

Celebra conmigo

Navidad
Día de la Independencia
Día de los Caídos
Acción de Gracias

Library of Congress Cataloging-in-Publication Data
Orr, Tamra.
  Memorial day = Día de los Caídos / by Tamra Orr; translated by Eida de la Vega. — Bilingual ed.
English-Spanish.
    p. cm. — (A little Jamie book. Celebrate with me = Un libro Little Jamie. Celebra conmigo)
  Includes bibliographical references and index.
  ISBN 978-1-58415-863-9 (library bound)
  1. Memorial Day—Juvenile literature. I. Vega, Eida de la. II. Title. III. Title: Día de los Caídos.
  E642.O77 2011
  394.262—dc22

                                                                                        2010006521

ABOUT THE AUTHOR: Tamra Orr is the author of more than 250 nonfiction books for readers of all ages, including *Meet Our New Student from China* for Mitchell Lane Publishers. She lives in the Pacific Northwest with her children, husband, cat, and dog. In her three minutes of spare time, she loves to read as well as write old-fashioned letters. Orr has a special place in her heart for Memorial Day, as it is the day she met the man who would become her husband.

ACERCA DE LA AUTORA: Tamra Orr es autora de más de 250 libros de no ficción para lectores de todas las edades, entre los que se cuenta *Meet Our New Student from China* de Mitchell Lane Publishers. Vive en el Noroeste Pacífico con hijos, esposo, un gato y un perro. En los tres minutos que tiene libres le encanta leer y escribir cartas con pluma y papel, como en los viejos tiempos. Orr guarda en su corazón un sitio especial para el Día de los Caídos, pues fue el día en que conoció a su esposo.

ABOUT THE TRANSLATOR: Eida de la Vega was born in Havana, Cuba, and now lives in New Jersey with her mother, her husband, and her two children. Eida has worked at Lectorum/Scholastic, and as editor of the magazine *Selecciones del Reader's Digest*.

ACERCA DE LA TRADUCTORA: Eida de la Vega nació en La Habana, Cuba, y ahora vive en Nueva Jersey con su madre, su esposo y sus dos hijos. Ha trabajado en Lectorum/Scholastic y, como editora, en la revista *Selecciones del Reader's Digest*.

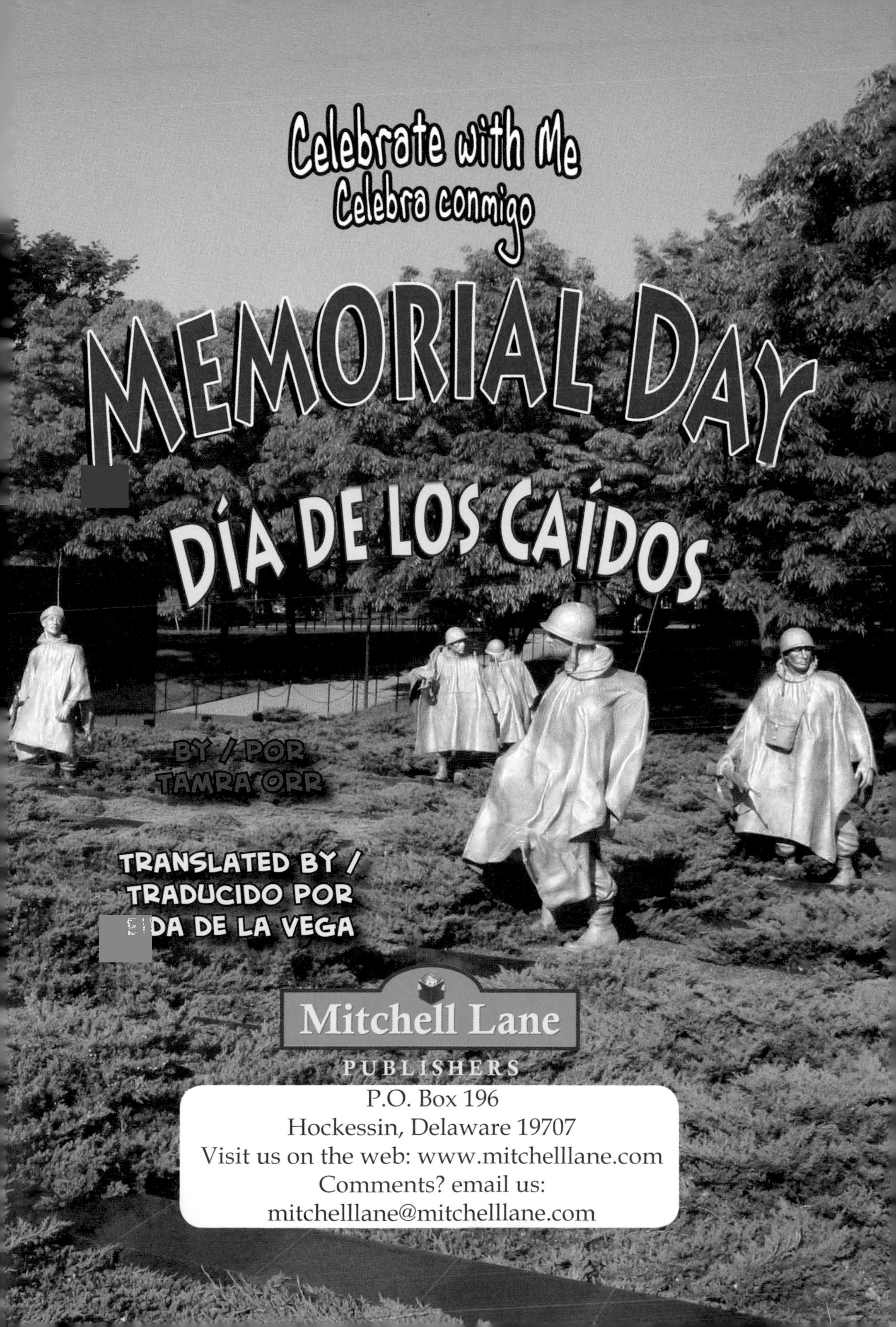

Celebrate with Me
Celebra conmigo

MEMORIAL DAY
DÍA DE LOS CAÍDOS

BY / POR
TAMRA ORR

TRANSLATED BY /
TRADUCIDO POR
EIDA DE LA VEGA

Mitchell Lane
PUBLISHERS

P.O. Box 196
Hockessin, Delaware 19707
Visit us on the web: www.mitchelllane.com
Comments? email us:
mitchelllane@mitchelllane.com

Memorial Day is a special day for remembering those who have given their lives to defend their country. Parades are held in their honor. Many people go to cemeteries to place flowers or flags on the graves of the fallen.

El Día de los Caídos es un día especial para recordar a aquellos que han dado su vida para defender a su país. Se celebran desfiles en su honor. Mucha gente va a los cementerios para colocar flores o banderas en las tumbas de los caídos.

The first Memorial Day in the United States was called Decoration Day, because people would decorate graves and statues with flowers. Decoration Day celebrations began on May 30, 1868, to honor those who died during the Civil War.

AMERICAN CIVIL WAR / GUERRA CIVIL DE EE.UU.

WORLD WAR I / I. GUERRA MUNDIAL

El primer Día de los Caídos en Estados Unidos se llamó Día de Decoración porque la gente decoraba las tumbas y las estatuas con flores. Las celebraciones del Día de Decoración empezaron el 30 de mayo de 1868, para honrar a los que habían muerto en la Guerra Civil.

WORLD WAR II / II GUERRA MUNDIAL

After World War I (1914–1918), the holiday began honoring those who died in all of America's wars. People from all branches of the military are honored.

VIETNAM WAR /
GUERRA DE VIETNAM

Después de la I Guerra Mundial (1914-1918), la gente empezó a honrar a aquellos que habían muerto en todas las guerras en que había participado Estados Unidos. Se rinde homenaje a personas de todas las ramas del ejército.

Since 1971, the holiday has fallen on the last Monday in May. Many students and veterans march in parades. People come to see the parades in person, or they watch them on television.

Desde 1971, este día feriado ha caído el último lunes de mayo. Muchos estudiantes y veteranos marchan en desfiles. La gente viene a ver los desfiles en persona o los ve por la televisión.

At 3:00 P.M., the National Moment of Remembrance, Americans pause for one minute. During this moment of silence, they remember those who are no longer here. The song "Taps" is often played to remind everyone of fallen soldiers in past and present wars.

A las 3 de la tarde, el Momento Nacional de Recordación, los estadounidenses guardan un minuto de silencio, durante el que recuerdan a los ausentes. Con frecuencia se toca la canción "Taps" para recordar a todos los soldados caídos en las guerras pasadas y presentes.

Memorial Day is not all sadness, though. Some families celebrate the country's hard-won freedom by attending baseball games. Others go to the beach or on picnics.

Pero en el Día de los Caídos no todo es tristeza. Algunas familias celebran la libertad ganada con tanto esfuerzo, asistiendo a juegos de béisbol. Otros van a la playa u organizan meriendas campestres.

CANADA /
CANADÁ

UNITED KINGDOM /
REINO UNIDO

USA /
EE.UU.

NETHERLANDS /
PAÍSES BAJOS

Countries all over the world have a special day set aside
for remembering the people who died in war. Many of
these holidays began as a way to honor heroes fallen
during World War I, but they have grown to include the
fallen of all the wars their country has fought.

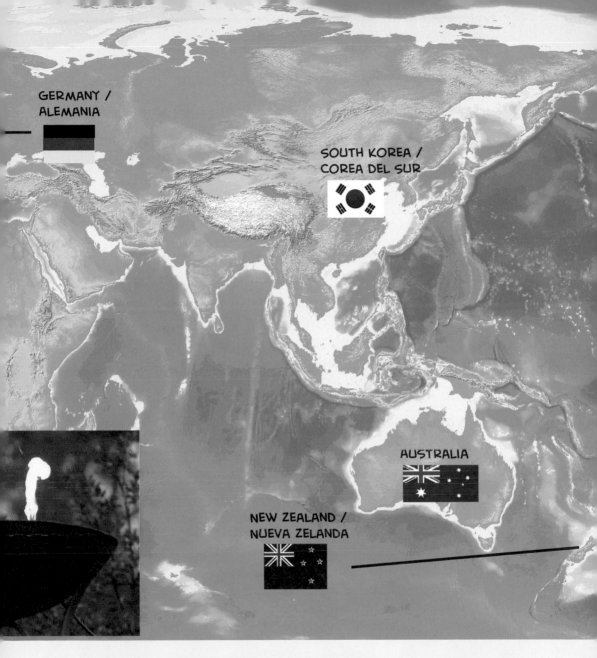

GERMANY /
ALEMANIA

SOUTH KOREA /
COREA DEL SUR

AUSTRALIA

NEW ZEALAND /
NUEVA ZELANDA

Los países de todo el mundo también tienen un día en que recuerdan a los caídos en combate. Muchos de estos días feriados empezaron como una manera de honrar a los héroes caídos durante la I Guerra Mundial, pero han terminado por incluir a los caídos en todas las guerras en que ha participado el país.

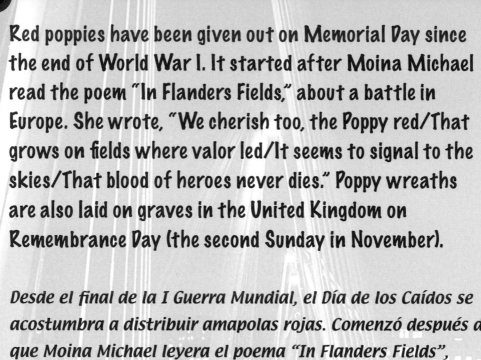

Red poppies have been given out on Memorial Day since the end of World War I. It started after Moina Michael read the poem "In Flanders Fields," about a battle in Europe. She wrote, "We cherish too, the Poppy red/That grows on fields where valor led/It seems to signal to the skies/That blood of heroes never dies." Poppy wreaths are also laid on graves in the United Kingdom on Remembrance Day (the second Sunday in November).

Desde el final de la I Guerra Mundial, el Día de los Caídos se acostumbra a distribuir amapolas rojas. Comenzó después de que Moina Michael leyera el poema "In Flanders Fields", acerca de una batalla en Europa. Ella escribió: "También amamos la amapola roja/Ésa que crece en los campos donde fue líder el valor/Parece señalar a los cielos/Que la sangre de los héroes nunca muere". En el Reino Unido también se colocan coronas de amapolas en las tumbas el Día de Recordación (el segundo domingo de noviembre).

REFLECTION AND HOPE

PRINCE WILLIAM /
EL PRÍNCIPE WILLIAM

ANZAC Day (April 25) commemorates the first battle fought by the Australia and New Zealand Army Corps, which was during World War I. After a dawn ceremony, the people of Australia and New Zealand hold parades, reunions, and memorial services.

El Día de ANZAC (25 de abril) conmemora la primera batalla que libraron los ejércitos de Australia y Nueva Zelanda, y que tuvo lugar durante la I Guerra Mundial. Después de una ceremonia al amanecer, los australianos y neozelandeses celebran desfiles, reuniones y ceremonias de recordación de los caídos.

In Canada, Memorial Day is held on the first of July. That is the same day as Canada Day. Businesses close and flags are flown at half-mast. Fireworks light up the night sky, and there is often a 21-gun salute.

En Canadá, el Día de los Caídos se celebra el 1 de julio. Coincide con el Día de Canadá. Los negocios cierran y las banderas se izan a media asta. Los fuegos artificiales iluminan el cielo nocturno y, a menudo, disparan 21 balas de salva.

South Korea celebrates Memorial Day on June 6. President Lee Nyung-Bak stands at the National Cemetery in Seoul to honor those who have fallen.

Corea del Sur celebra el Día de los Caídos el 6 de junio. El presidente Lee Nyung-Bak acude al cementerio nacional de Seúl para honrar a los caídos en combate.

The Netherlands celebrates *Dodenherdenking* (Commemoration of the Fallen) on May 4. An official ceremony takes place at the war memorial in Dam Square in Amsterdam. At 8:00 P.M., there are two minutes of silence. Television programs and public transportation stop from 8:00 until 9:30.

Los Países Bajos celebran Dodenherdenking (Conmemoración de los Caídos) el 4 de mayo. Se celebra una ceremonia oficial en el monumento a los caídos, ubicado en la Dam Square en Ámsterdam. A las 8 de la noche, se guardan dos minutos de silencio. Los programas de televisión y el transporte público se detienen de 8:00 a 9:30.

In Germany, *Volkstrauertag* (National Day of Mourning) began as a way to honor those who died fighting World War I. It is held on the Sunday closest to November 16. Government leaders give speeches in a ceremony held in the Bundestag, or parliament building.

En Alemania, Volkstrauertag (Día Nacional de Luto) empezó como una manera de honrar a los caídos en la I Guerra Mundial. Se celebra el domingo más cercano al 16 de noviembre. Los líderes del gobierno dan discursos durante una ceremonia en el Bundestag, el edificio del parlamento.

Although it is easy to think of Memorial Day as just a chance to enjoy an extra-long weekend, it is important to remember the reason behind the holiday. It is to honor those who sacrificed so that people have the freedom they do today.

Aunque es fácil considerar el Día de los Caídos sólo como una oportunidad de disfrutar de un fin de semana largo, es importante recordar la razón por la que se celebra este día. Se trata de honrar a aquellos que se han sacrificado para que las personas tengan la libertad de que gozan hoy en día.

FURTHER READING/LECTURAS RECOMENDADAS

Books for Kids

Cotton, Jacqueline. *Memorial Day*. Danbury, CT: Children's Press, 2002.

Dean, Sheri. *Memorial Day*. Pleasantville, NY: Weekly Reader Early Learning Library, 2005.

Ditchfield, Christin. *Memorial Day*. Danbury, CT: Children's Press, 2003.

Douglas, Lloyd. *Let's Get Ready for Memorial Day*. Danbury, CT: Children's Press, 2003.

Golding, Theresa. *Memorial Day Surprise*. Honesdale, PA: Boyds Mills Press, 2004.

Trueit, Trudi S. *Memorial Day*. Mankato, MN: Child's World, 2007.

En Español

Ansary, Mir Tamiz. *El Día de los Caídos*. Chicago: Heinemann Library, 2009.

Dean, Sheri. *Memorial Day / Día de los Caídos* (bilingual edition). Milwaukee, WI: Weekly Reader Early Library, 2005.

Works Consulted / Obras consultadas

Australian War Memorial: ANZAC Day Tradition http://www.awm.gov.au/commemoration/anzac/anzac_tradition.asp

Georgia Women of Achievement— Honorees: Moina Belle Michael http://www.georgiawomen.org/_honorees/michaelm/index.html

History: Memorial Day http://www.history.com/content/memorial

International War Veterans' Poetry Archive: Moina Michael http://iwvpa.net/michaelm/index.php

Memorial Day History http://www.usmemorialday.org/backgrnd.html

U.S. Armed Forces in Europe: Feature— 2008 German National Day of Mourning http://www.usafe.af.mil/news/story.asp?id=123124561

U.S. Department of Veterans Affairs: Memorial Day http://www1.va.gov/opa/speceven/memday/

INDEX/ÍNDICE